westermann

Bumblebee

Textbook 3

Herausgegeben von
Gisela Ehlers

Erarbeitet von
Gisela Ehlers, Anna Van Montagu,
Matthias Muth, Michaela Schönau,
Hannelore Tait

Auf der Grundlage der Ausgaben
Bumblebee 3/4 (2013/2014) und
Bumblebee 1-4 (2014-2016)
von Gisela Ehlers, Grit Kahstein, Christina Meindl,
Ursula Michailow-Drews, Anna Van Montagu,
Matthias Muth, Michaela Schönau, Hannelore Tait,
Anne Zeich-Pelsis

Muttersprachliche Beratung
Vanessa Magson-Mann

Illustriert von
Juliane Assies, Gabie Hilgert, Oda Ruthe,
Friederike Schumann sowie Iris Blanck, Andrea Dölling,
Jutta Garbert, Angela Glökler, Heike Heimrich,
Elisabeth Holzhausen, Karoline Kehr, Katja Rau

Contents

Welcome

Hallo ihr in Deutschland,
ich heiße Lisa Melzer und bin gerade mit meinen Eltern und meinem Bruder Martin von Dresden nach London in England gezogen. Hier habe ich auch schon einige Freunde gefunden.
In London werde ich in eine englische Schule gehen. Ich kann es kaum erwarten und bin richtig aufgeregt. Wie ihr wisst, ist meine Mutter Engländerin und wir haben mit ihr immer schon etwas Englisch gesprochen.
Ich begleite euch durch das Schuljahr und werde mich immer wieder melden, um euch zu berichten, wie es mir so geht und was gerade passiert.
Let's go!

Lisa

1 Lies Lisas Brief.

2 Hör zu, wie Lisas Freunde sich vorstellen.

3 Weißt du schon etwas über England oder London?

Good morning

1 Listen and point.

2 Listen and read along.

3 Talk to your partner.

My name's = My name is

Zahlen und Farben kennenlernen.
Weitere Kinder für Lisas Klasse ausdenken.
Diff ▾ Fö 3, **Diff** ▴ Fo 3

FC/WC 19–42
CD 3
KV 1–3, 6

LET'S TALK!

About me

1 Listen and point.

I'm fine.

I'm happy.

I'm sad.

I'm tired.

2 Listen and read along.

3 Talk to your partner.

I'm = I am

At school

1. Listen to the story.
2. Listen to the rap. Join in.
3. Act out the story.
4. Create a new story.

Where's = Where is

Eine Geschichte verstehen und in ein Rollenspiel umsetzen. Den Bumblebee Rap sprechen und mit Bewegungen begleiten.

CD 8–10
KV 11

School things

1 Listen and point.

2 Listen and read along.

Nomen schreibt man im Englischen klein.

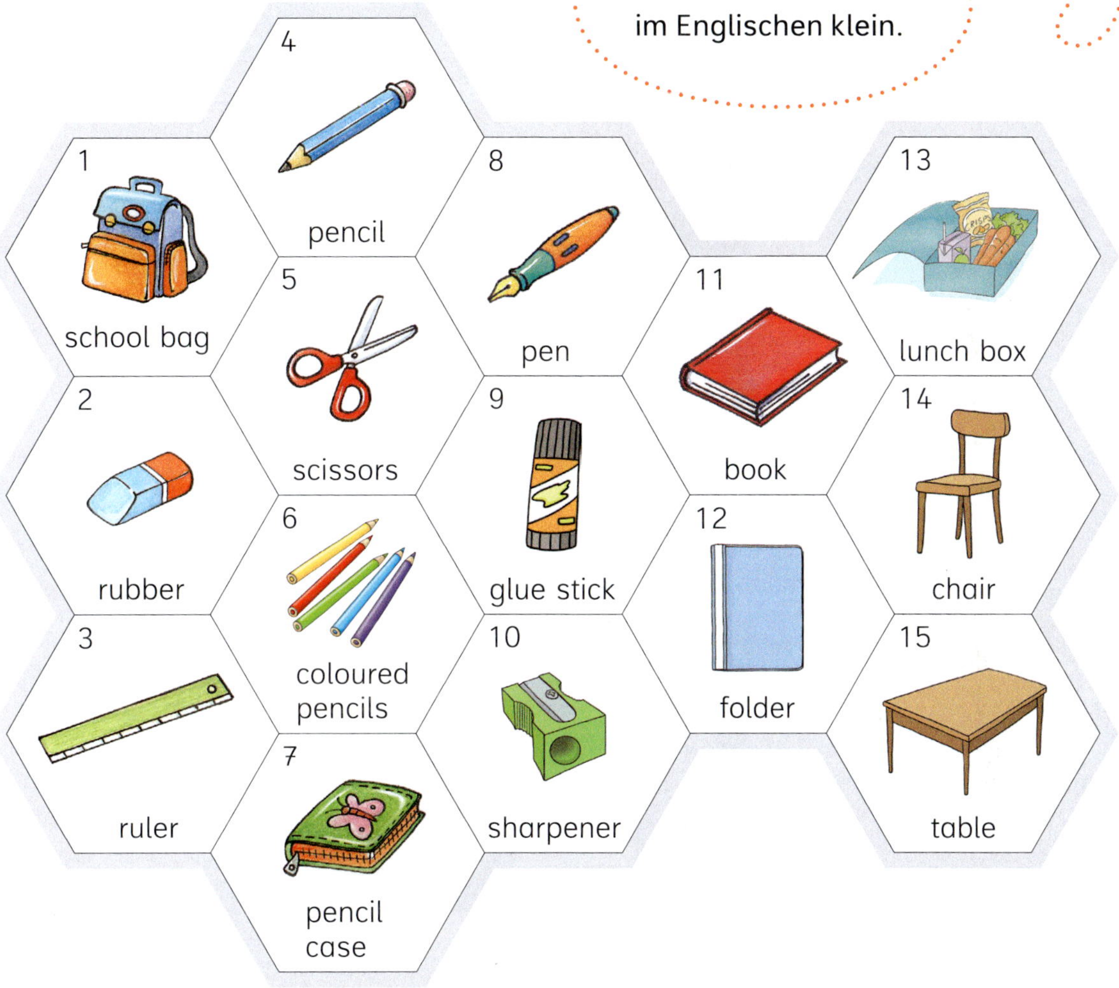

› Ich kann nach einem Schulgegenstand fragen.

LET'S TALK!

What is it?

1. Listen and point.
2. Listen and read along.
3. Talk to your partner.

I haven't = I have not

Have you got a ruler?

No, I haven't.

Have you got a sharpener?

No, I haven't.

Have you got a pencil case?

Yes, I have. Here you are.

A school day in Great Britain

1 Listen to the song.

2 Sing along.

3 Compare English schools with German schools.

lunchtime

Hallo ihr in Deutschland!

Ich gehe jetzt hier zur Schule – und eine Menge Dinge sind hier in England anders als in Deutschland. Die Schülerinnen und Schüler tragen hier eine „school uniform".
Damit wir sicher in die Schule kommen, helfen uns Erwachsene über die Straße. Man nennt sie „lollipop lady" oder „lollipop man".
Unser Unterricht beginnt um 9:00 Uhr und dauert bis 15:15 Uhr. Die Mittagspause nennt man „lunchtime" und es gibt Mittagessen in der Schule. Einmal in der Woche treffen sich alle Schülerinnen und Schüler zu einer gemeinsamen Veranstaltung, der „assembly": Einige Kinder führen etwas vor oder der Rektor gibt uns Informationen über die wichtigsten Dinge, die in der nächsten Woche anstehen.
Wir singen auch gemeinsam. Hört euch mal unser Lied an.

Bis bald,
Lisa

assembly

lollipop lady

school uniform

Lisa's new home

1. Listen and point.
2. Listen and read along.
3. Talk about Lisa's family and her new home.

Sagen, wo jemand ist.
Wdh: saying hello

FC/WC 62–66
CD 16, 17
KV 23

New words

1 Listen and point.

2 Listen and read along.

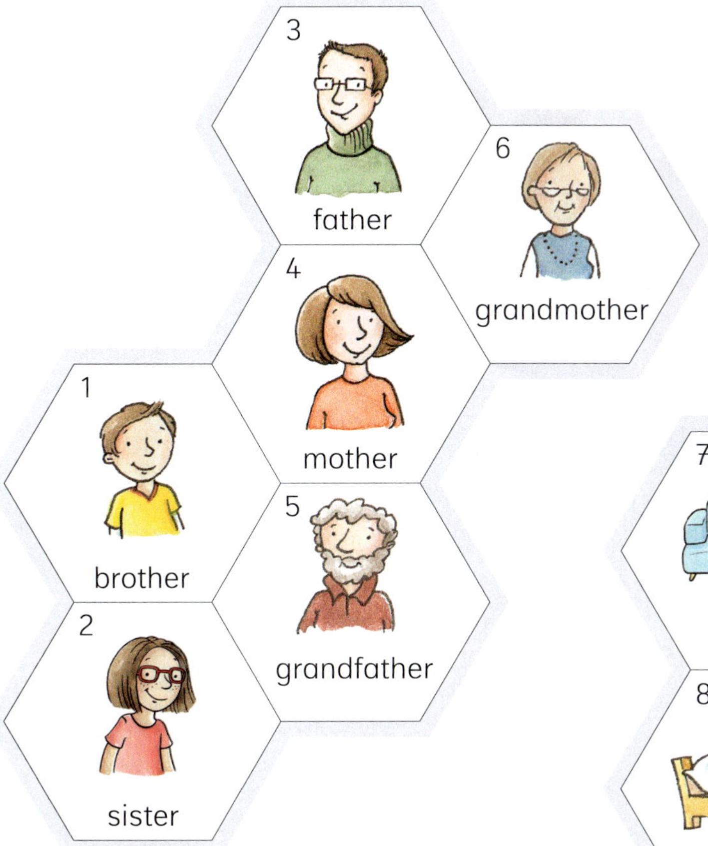

3 Practise the dialogue.

LET'S TALK! About my family

1 Listen and point.

2 Listen and read along.

3 Talk to your partner.

brother's – his
sister's – her

Über die eigene Familie sprechen.
Familie für die Storyline-Kinder ausdenken und präsentieren.

CD 19
KV 25, 28

Where's Harry?

1 Listen to the new words and point.

in

on

under

behind

in front of

next to

2 Listen to the story.

3 Read the speech bubbles.

In the house

1 Listen and point. Where are the family members?

2 Compare English homes with German homes.

Hallo ihr in Deutschland,
heute möchte ich euch von meinem neuen Zuhause erzählen. Das ist meine neue Adresse: Lisa Melzer, 9 Blue Road, London SW19 1JA, UK.
Genau, in Großbritannien wird die Hausnummer zuerst genannt. Wir wohnen in einem Reihenhaus. Das heißt hier „terraced house". In unserem Wohnzimmer gibt es einen großen „fireplace". Wir haben drei Schlafzimmer. Zwei davon sind „children's bedrooms".
Besonders cool finde ich, dass wir hier zwei Haustiere bekommen haben. Natürlich wohnen sie mit uns zusammen. Unsere Katze heißt Momo und mein Hamster heißt Harry.
Wisst ihr eigentlich, wie sehr ich mich vor Spinnen im Keller fürchte?
Juhu, hier muss ich keine Angst haben, denn viele englische Häuser haben gar keinen „cellar".

Liebe Grüße
Lisa

My dream room

TARGET TASK

1 What can you see?

2 Talk about your dream room.

3 Create your own dream room.

4 Do a presentation.

Ein eigenes Traumzimmer gestalten und präsentieren.
Ein Zuhause für die Storyline-Familie gestalten.

The beach house

Eine Geschichte mit Hilfe von Bildern verstehen.
Diff ▾ L liest die Geschichte selbst.
Wdh: rooms

SC 5–12
CD 26

Story: Chris Carter

1 What can you name in the pictures?

2 Listen to the story and read along.

3 Do a role play. Think of more people.

Who lives in the beach house?
What can you see from the attic?
Where would you like to sleep?

Free time

1 Look at the pictures. What can you see?

2 Listen and point.

3 Listen and read along.

4 Listen to the song. Sing along.

Eine Bildergeschichte verfolgen.
Ein Lied singen und mit Bewegungen begleiten.
Diff ▾ Fö 15, **Diff** ▴ Fo 15

FC/WC 104–111
CD 27–29
KV 31–32

New words

1 Listen and point.

2 Listen and read along.

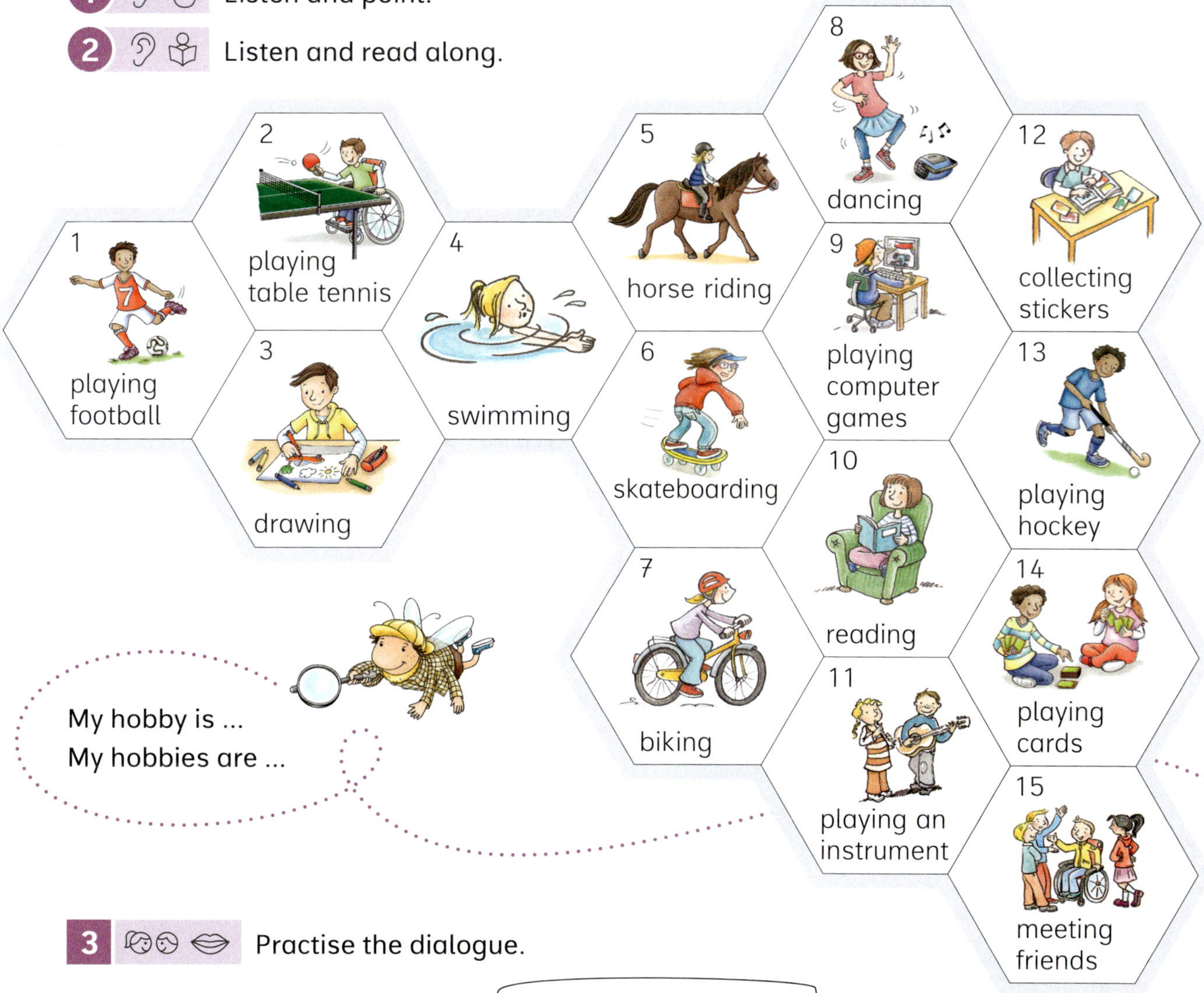

My hobby is ...
My hobbies are ...

3 Practise the dialogue.

LET'S TALK! About hobbies

1 Listen and point.

2 Read out the dialogue.

3 Practise the dialogue. Look here for help.

Do you like ...						?

Yes, I do.	No, I don't.

I don't = I do not.

Sagen, welche Freizeitaktivitäten man mag und welche nicht.

CD 31
KV 33, 34, 39

Feelings

1 Read the poster. What is it about? Explain it in German.

FOOTBALL MATCH

When? Saturday 10 a.m.
Who? Park School vs. Finley School
Where? Park School Football Park

We need your support! See you on Saturday.

2 Listen and point.

3 Practise the dialogue. Show your feelings.

Days of the week

1 Listen to the song.

2 Sing the song.

3 Read Lisa's letter. Talk about it.

Hi friends,
ich habe mich gerade für zwei verschiedene „school clubs" eingetragen. Entschieden habe ich mich für eine sehr beliebte Sportart: Sie heißt „netball". Dieses Ballspiel wird meistens nur von Mädchen gespielt und geht ganz ähnlich wie Basketball. Eine Mannschaft besteht aus sieben Spielerinnen. Es wird 4 mal 15 Minuten gespielt. Zwei Regeln finde ich besonders gut: Es gibt keinen Körperkontakt, also auch kein Anrempeln. Außerdem wird nicht gedribbelt. Dribbeln konnte ich nämlich noch nie gut. Wenn ihr mehr darüber wissen möchtet, schaut doch mal im Internet nach. In meinem zweiten Club werden verschiedene Spiele gespielt. Das macht viel Spaß! Und wisst ihr was? Die Kinder spielen hier auch Mensch-ärgere-dich-nicht. Hier heißt es aber „Ludo". I'm good at playing Ludo!

Eure Lisa

Landeskundliche Informationen erhalten.
Ein Lied zu den Wochentagen lernen.

CD 36, 37
KV 38

Can we meet?

1 Listen and point to the days.

2 Listen and read along.

3 Practise the dialogue.

DAYS	Lisa	Dad	Martin	Mum
Monday	football			
Tuesday	netball			
Wednesday	help Grandma			
Thursday				
Friday	go shopping with Mum			
Saturday	swimming with Dad			
Sunday				

4 Talk about your week.

TARGET TASK

5 Write your own calendar for the week.

Sagen, was man wann regelmäßig tut.
Freizeitaktivitäten für die Storyline-Kinder überlegen.
Diff ▼ Fö 16, **Diff** ▲ Fo 16

FC/WC 115–121
CD 38–40
KV 36–37

Pets

1 Look at the pictures. What can you see?

2 Listen and point.

3 Listen and read along.

4 Act out the story.

Eine Bildergeschichte verfolgen.
Diff ▾ L liest die Geschichte selbst.

CD 42
How to listen: S. 56

New words

1 Listen and point.

2 Listen and read along.

one mouse – two mice

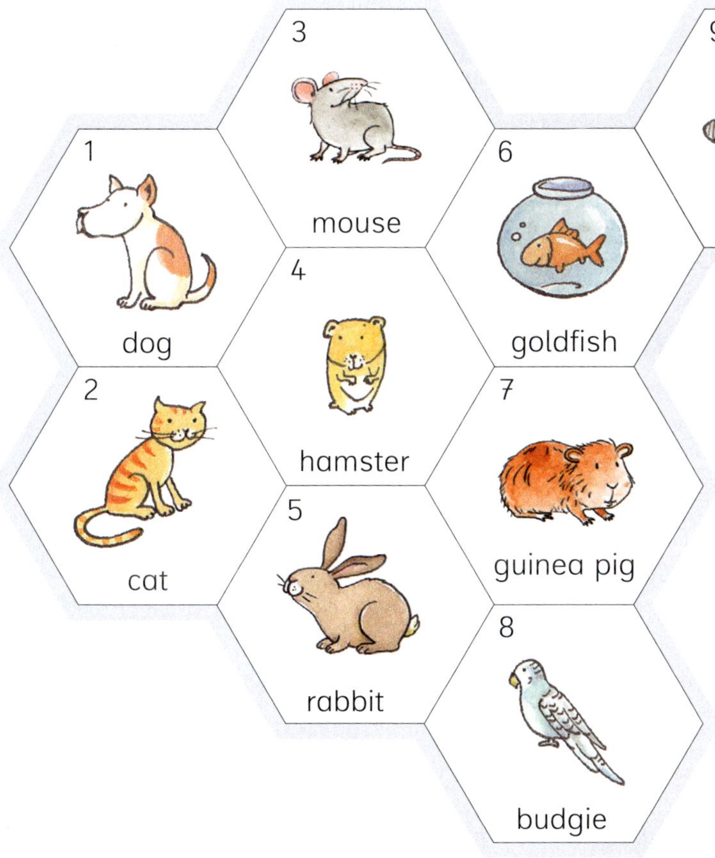

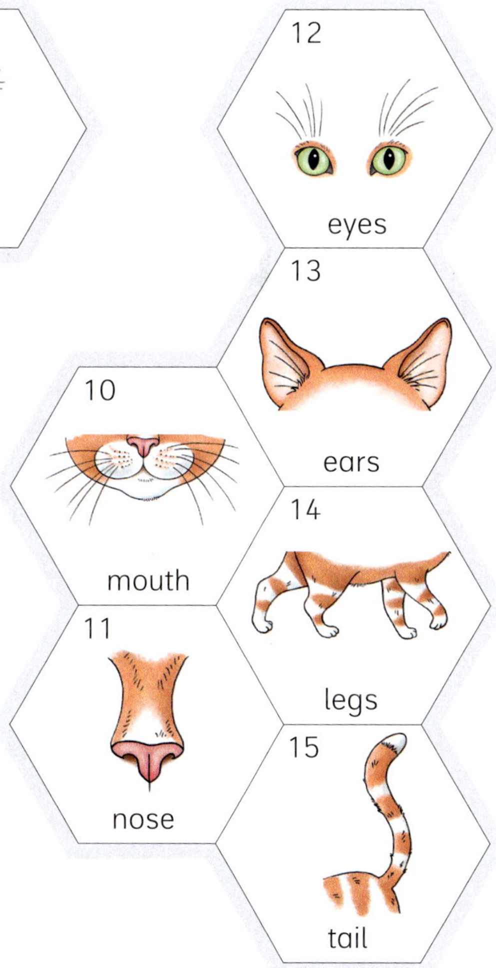

3 Practise the dialogue.

› Ich kann durch Fragen ein Haustier erraten.

LET'S TALK!

Guess my pet!

1 Listen and point to the body parts.

2 Listen and read along.

3 Play the game: Guess my pet.

Animal rap

1 Listen and point.

2 Listen and read along.

3 Say the rap.

cucumbers

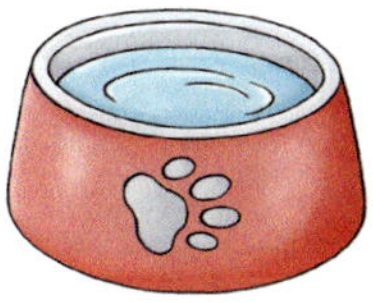

water

rice

I've got a hamster – you've got a cat.

Sue has got a budgie – Tom has got a rat.

Sue likes her budgie – Tom likes his rat.

We like our animals. We like our pets.

We like our animals. We like our pets.

My hamster eats carrots – my cat eats mice.

My budgie drinks water – my rat eats rice.

We like our animals. We like our pets.

We like our animals. We like our pets.

pet food

grains

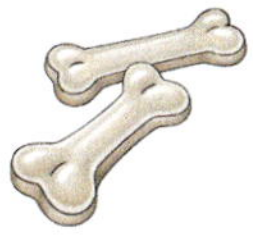

bones

carrots

4 Make up your own rap.

I've got a pony – you've got a cat.
Lynn has got a spider – Tom has got a rat.

Great Britain's most favourite pets

1 Talk about your pets.

Neue E-Mail

Von: lisa@emall.co.uk

An: klasse3a@hummelschule.de

Betreff: Pets

Hallo Leute,

in unserer Nachbarschaft gibt es viele Haustiere. Habt ihr auch welche? Hier haben viele Leute *„pets"*. Katzen und Hunde sind natürlich so beliebt wie bei uns in Deutschland. Aber hättet ihr gedacht, dass es hier über 40 Millionen Goldfische gibt? Überhaupt sind die Briten sehr tierlieb. Selbst im britischen Königshaus leben jede Menge Haustiere, wie z.B. die Corgis, eine ganz besondere Hunderasse. Hier gibt es viele spezielle Geschäfte für alles, was man für die Tierhaltung so braucht, die sogenannten *„pet shops"*. Auch bei uns in der Straße ist ein solcher Laden. Also brauche ich nur ein paar Schritte zu gehen, wenn ich etwas für unsere Haustiere besorgen muss.

Bis bald,
eure Lisa

Senden

Landeskundliche Informationen über Haustiere erhalten.
Diff ▼ Fö 20, **Diff** ▲ Fo 20

› Ich kann einen Chat mit einem Tierarzt verstehen.

A chat with Mister Cattle

TARGET TASK

1. Listen to the chat.
2. Listen and read along.
3. Do a role play.
4. Find more information about pets on the internet.

Tom: Mr Cattle, my dog doesn't like dog food.
Mr Cattle: Give your dog carrots and bananas.

Linda: Mr Cattle, my rabbit looks sad. He is lonely. What can I do?
Mr Cattle: You need to play with it. It likes running around.

Henry: Mr Cattle, how often do I have to clean my hamster's cage?
Mr Cattle: Every week.

Henry: Does my hamster need a bath?
Mr Cattle: No, never wash a hamster. It will catch a cold.

Ravi wants a pet

Eine Geschichte mit Hilfe von Bildern verstehen.
Diff ▼ L liest die Geschichte selbst.
Diff ▲ S gibt Inhalt der Story auf Deutsch wieder.

SC 13–20
CD 54

Story: Chris Carter

1 What can you name in the pictures?

2 Listen to the story and read along.

3 Talk about the children and their pets.

4 Do a role play.

Do you have a pet that can do tricks?
Which pet would you like to have?
Would you like to hold a spider?

KV 47

At the shopping centre

1 Listen and point.

2 Ask your partner. What can you buy in the shops?

Läden und Einkaufsgüter benennen.
Wörter und Redemittel zum Thema „Einkaufen" kennenlernen.

CD 55
KV 51

New words

1 Listen and point.

2 Listen and read along.

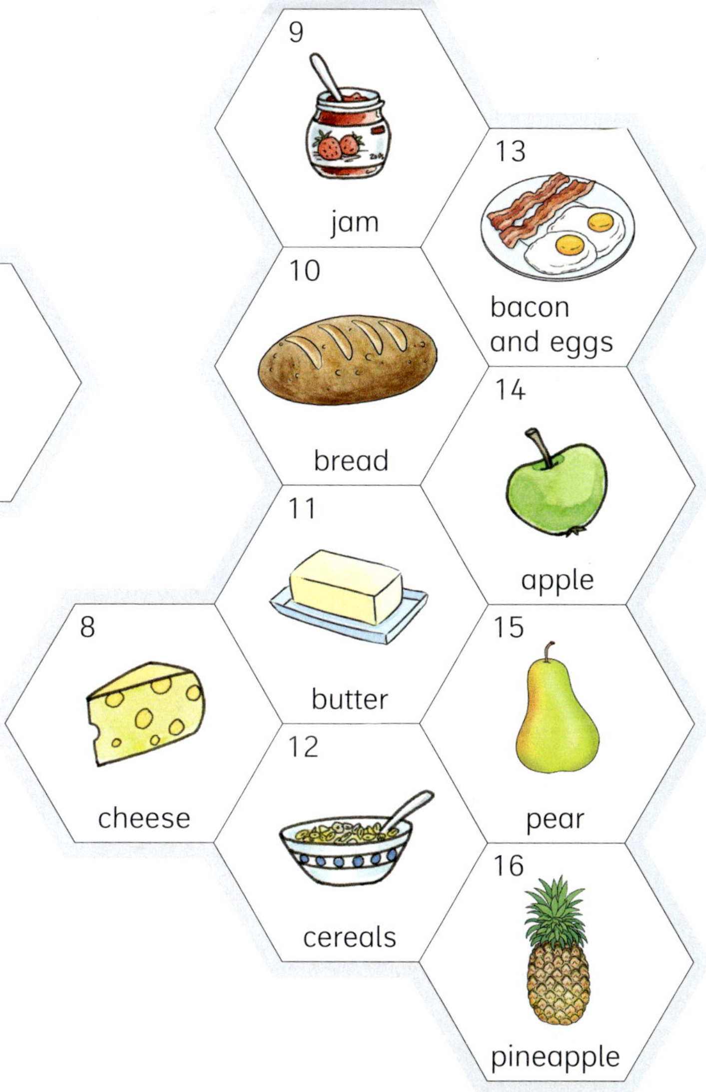

3 Practise the dialogue.

Fragen, was jemand kaufen möchte und darauf antworten.
Diff ▾ Fö 23–26, **Diff** ▴ Fo 23–26

FC/WC 144–159
CD 56
KV 49–50

LET'S TALK! At the ice cream parlour

1 Listen and point.

2 Read.

3 Practise the dialogue.

Einen kurzen Einkaufsdialog sprechen.

FC/WC 160–169
CD 58
KV 52–58

No T-shirt for Cameron?

1 Listen to the story and read along.

2 Talk about the story in German.

3 Think of an ending.

4 Act out the story.

Einen Einkaufsdialog führen.
Ein Rollenspiel üben.

SC 21–26
CD 59
WB S. 31

English money

1 Read Lisa's message. Talk about it.

Hallo ihr,

gestern habe ich zum ersten Mal in England *„pocket money"* bekommen. Zuerst habe ich mich gewundert, weil das Geld ganz anders aussieht als in Deutschland. Aber dann haben mir meine Eltern erklärt, dass man in England mit Pfund bezahlt. Im Englischen heißt das *„pounds"* und wird mit so einem lustigen £ abgekürzt. *„1£"* besteht aus *„100 pence"*, die werden mit *„p"* abgekürzt. *„1p"* nennt man übrigens *„penny"*. Ab sofort packe ich also *„pounds and pence"* in meine *„piggy bank"*.

Das britische Pfund ist übrigens schon 1200 Jahre alt und damit die älteste Währung der Welt. Auf der Vorderseite der Scheine der *„Bank of England"* sieht man die Queen. Schaut euch die Scheine und Münzen doch mal näher an.

Bis bald
Lisa

2 Listen to the numbers.

10	20	30	40	50	60	70	80	90	100
ten	twenty	thirty	forty	fifty	sixty	seventy	eighty	ninety	one hundred

forty
fifty

Etwas über das britische Pfund erfahren.
Sich über die Informationen austauschen.
Diff ▲ Schreibweisen *forty* und *fifty* erklären.

CD 63

Create your own shopping street

TARGET TASK

1 What can you see?

2 Talk about your favourite shop.

3 Create your own shop.

4 Do a presentation.

SuS können sich bei ihrer Präsentation gegenseitig filmen.

A trip to London

1 Listen and point. What is it about?

2 Listen and read along.

3 Act out the scene.

Ein Gespräch und eine E-Mail verstehen.
Eine Gesprächssituation nachspielen.

CD 64
KV 61

New words

1 Listen and point.

2 Listen and read along.

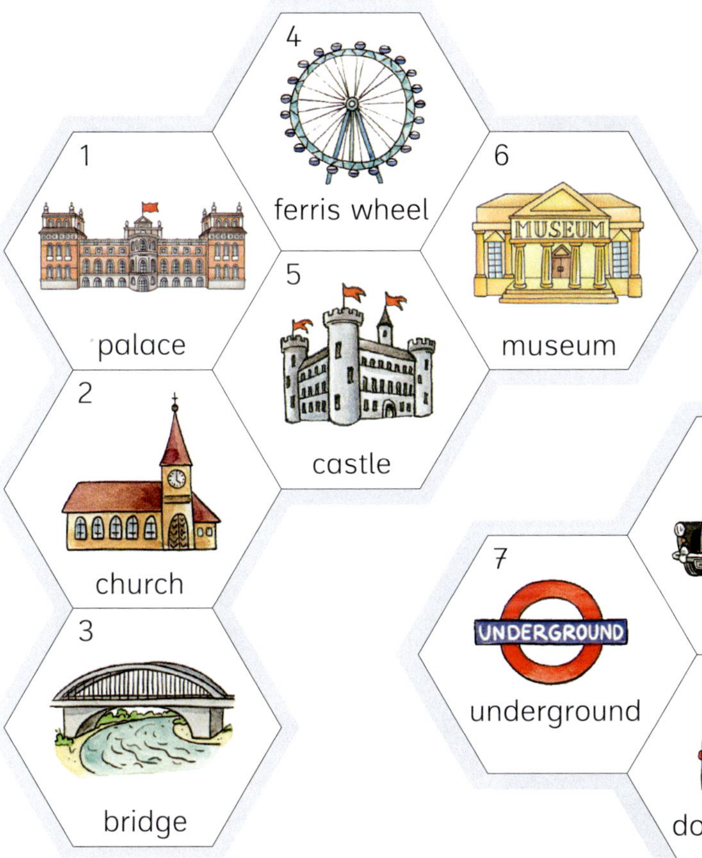

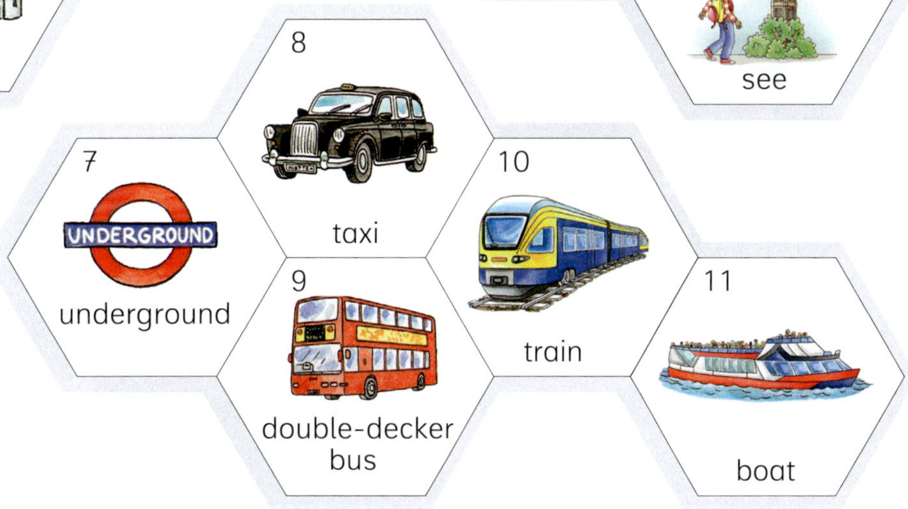

3 Practise the dialogue.

London sights

1 Listen and point to the pictures.

2 Name the sights on the left and on the right.

The London Eye

Westminster Abbey

Horse Guards

Tower of London

Hyde Park

Tower Bridge

2 right

1 left

Sehenswürdigkeiten von London kennenlernen.
Im Internet nach weiteren Sehenswürdigkeiten suchen.
Diff ▾ Fö 27, 28, **Diff ▴** Fo 27, 28

FC/WC 185–195
CD 68
KV 62–65

3 Name your three top sights in London.

My top sights are:
Buckingham Palace, ...

Science Museum

Big Ben

Buckingham Palace

What are the children doing?
What would you like to see in London?
Which sights do you have in your home town?

The London tube

1 Read the letter.

2 Talk about the transport in your town.

Hallo ihr alle,
heute haben wir Emmas Cousin David London gezeigt. Am besten hat ihm die U-Bahn gefallen, die „tube" genannt wird. Mit der „tube" ist man meistens am schnellsten in London unterwegs, selbst „taxis" brauchen länger. Die Londoner U-Bahn ist übrigens die älteste U-Bahn der Welt. Sie wurde 1863 eröffnet.
Manche Linien liegen 20 Meter unter der Erde. Viele steile Rolltreppen, sogenannte „escalators" führen zu den Bahnsteigen dieser Linien.
Auf den Rolltreppen sollte man eine wichtige Regel beachten: „Stand on the right!" Denn nur so können Fahrgäste, die es eilig haben, gut an den anderen vorbeikommen.

Eure Lisa

3 Let's talk. What would you like …?

What would you like to do in London?

I'd like to visit the Science Museum.

I'd like to see Big Ben.

I'd like to	see	Buckingham Palace.
		Big Ben.
		Tower Bridge.
		Hyde Park.
		the London Eye.
		the Horse Guards.
	visit	London Zoo.
		the Science Museum.
		the Tower of London.

Landeskundliche Informationen über die Londoner U-Bahn erhalten.

A day trip to Windsor Castle

1 Listen. What is it about?

2 Read the information. Explain it in German.

TARGET TASK

3 Create a ticket office for a sight.

The prince and the peas

This is Prince Gordon. His favourite colour is green. He lives in a green castle and sleeps in a green bed. He only eats green fruit like green apples and kiwis. But his favourite food are peas.

For breakfast Prince Gordon has a green smoothie and muesli with peas.
He has pea soup for lunch and pea pizza in the evening.

The cook looks up new pea recipes on the internet. He makes pea cake, pea ice cream and pea burgers.

One morning the prince's hair is green and there are green spots all over his face. His mother says: "What have you done? You are all green! We must call the doctor!"

The queen says "Good morning, Doctor Fox. Come in, please. Can you help Gordon?"
Doctor Fox has a good idea.
He says "Let's try a trick!"

The doctor looks at the prince.
"You must eat more peas," he says.
"Pea soup for breakfast, pea soup for lunch and pea soup for dinner.
Nothing else for the next two weeks!"

Two weeks later, the prince is feeling sick when he sees and smells pea soup.
"Mum, can I have something red and yellow to eat? Strawberries and bananas? Please!"

The queen and the cook are happy.
So is the doctor. He gets a lot of money for his good idea.

1 Listen to the story and read along.

2 Act out the story.

Do you like peas?
Why is Prince Gordon feeling sick?
Do you know more green foods?

All through the year

1 Listen and point.

2 Talk about the calendar.

3 Do you know any special days?

Die Monate und Jahreszeiten kennenlernen.
Feste im Jahresablauf benennen.

FC/WC 196–207
CD 79

What's the weather like?

1 Listen and point.

2 Listen and read along.

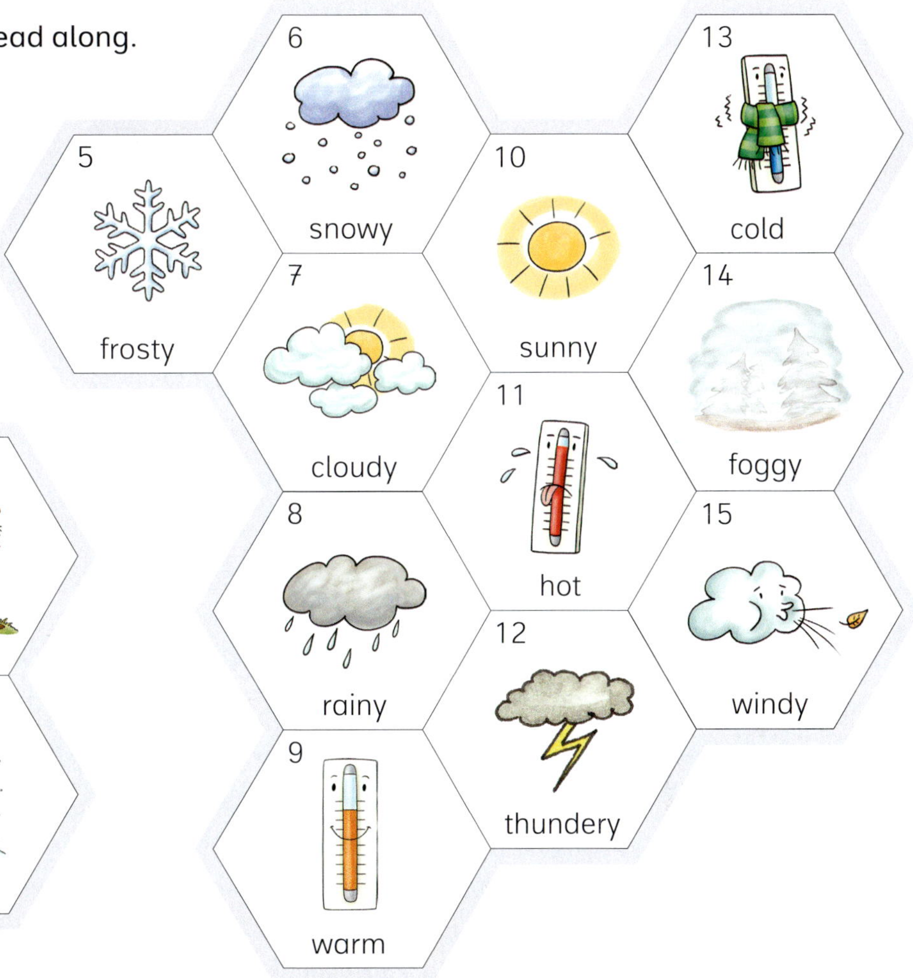

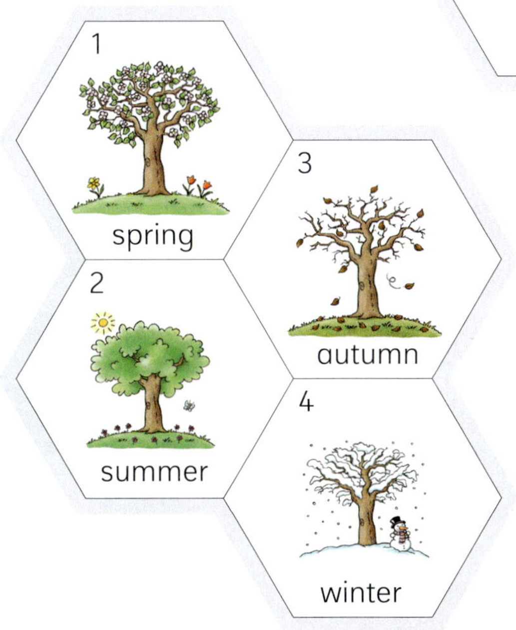

3 Practise the dialogue.

Birthday

1 Find out about your friends' birthdays.

When is your birthday, Miriam?

My birthday is in May.

2 Compare English and German birthday parties.

Hallo ihr in Deutschland,

heute war ich auf Emmas Geburtstagsparty. Es war mein erster Geburtstag in Großbritannien. Zuerst haben wir alle für Emma „Happy birthday" gesungen. Dann hat Emma eine Krone aufbekommen, die „birthday crown". Das ist ein typischer englischer Brauch. Genauso wie die „birthday bumps": Freunde und Familie greifen das Geburtstagskind an Armen und Beinen und heben es so viele Male in die Luft wie es Jahre alt geworden ist – plus einmal extra, das soll Glück bringen. Emma wurde also zehn Mal in die Luft gehoben. Das hat viel Spaß gemacht. Eine Geburtstagstorte und viele Spiele und Tänze gab es natürlich auch!

Bye, Lisa

Britische Geburtstagsrituale kennenlernen.

FC/WC 223–226
KV 76–78

Halloween

1 Listen and read along. What is the poster about?

2 Practise the dialogue.

3 Dressing up is fun. What would you like to be? Write.

Christmas in Great Britain

1 Listen and point to the pictures.

Christmas stockings

Carol singers

Christmas pudding

Father Christmas

pulling a Christmas cracker

Christmas dinner

Landeskundliches über Weihnachten in Groß-britannien erfahren.

FC/WC 234–242
CD 86
KV 81

Lisa's letter

1 Read Lisa's letter. Talk about it.

Merry Christmas and a Happy New Year!

Dieses Jahr feiern wir hier in England Weihnachten. Der Weihnachtsmann heißt hier „Santa Claus". Manche nennen ihn auch „Father Christmas". Er fliegt auf einem Rentierschlitten und bringt die „gifts" in der Nacht zum 25. Dezember durch den „chimney" ins Haus. Für kleine Geschenke lassen wir unsere „stockings" am Kamin hängen. Die großen Geschenke liegen unter dem „Christmas tree". Leider darf man hier die Geschenke erst am 1. Weihnachtstag, dem „Christmas Day" öffnen!

Zum „Christmas dinner" gibt es gefüllten „turkey" und als Nachtisch einen „Christmas pudding". Am lustigsten finde ich die „crackers". Zwei Leute ziehen daran, mit einem Knall reißen sie auf und es fallen kleine Zettel mit Reimen, Spielzeug, Schmuck und Papierkronen heraus. Diese „crowns" setzt man dann zum Dinner auf. Feierlich wird es, wenn das Oberhaupt der Königsfamilie die Weihnachtsansprache im Fernsehen hält.

Bis bald,
Lisa

2 Listen and read along. Learn it by heart.

Father Christmas in his sleigh
Rudolph leading all the way
See our tree that looks so bright
Twinkling stars and bells at night
Golden candles on the tree
What a wonderful Christmas for you and me!

Pancake Day

1 Listen.

2 Listen and read along.

3 Talk about it in German.

CK Clever Kids × | Pancake Day × | +

www.clever-kids.uk/pancake-day

Who/What? When? Why? How?

Who/What? On Pancake Day people bake pancakes and hold pancake races. Every runner wears a big apron and holds a frying pan. They toss pancakes into the air, while running.

When? Pancake Day is the Tuesday before Ash Wednesday, the start of Lent (= 40 days of fasting before Easter).

Why? During Lent food like milk, butter, eggs and sugar were not allowed. People used up the last of the forbidden food to make pancakes.

How? To make the …

How about making pancakes in the school kitchen?

We could have a pancake race in the school sports ground.

Landeskundliches über den Pancake Day erfahren.
Im Internet nach weiteren Feiertagen suchen.
Diff ▼ Fö 35, **Diff** ▲ Fo 35

CD 90
KV 83

Easter

1 Listen and say the rhyme.

2 Listen and point to the Easter eggs.

3 Where are the Easter eggs? Talk to your partner.

in the basket

Hot cross buns,
Hot cross buns,
One a penny, two a penny,
Hot cross buns.

behind the bush

under the bench

on the table

next to the tree

Fit for 4!

1 Listen and point.

3 Play the game.

Bildbeschreibung zu verschiedenen Themen durchführen.
Listen-and-point Übungen machen. Fehler finden.

CD 99

- 1 Give me five words.
- 2 Make an odd one out.
- 3 Describe the picture.
- 4 Ask a question.
- 5 Do a role play.
- 6 Take a card from copy sheet 92.

Ein Bild aussuchen. Würfeln.
Den Auftrag der Würfelzahl ausführen.
Bei einer 6 eine Karte von KV 92 ziehen.

KV 90–92

How to listen

Ich schaue mir
die Bilder zum Text an.

Ich achte auf die Bewegungen und
das Gesicht meiner Lehrkraft.

Ich lese den Text mit.

Das hilft mir beim Verstehen von Hörtexten.

Ich versuche, bekannte
Wörter herauszuhören.

Ich versuche,
mir den Inhalt
des Textes
vorzustellen.

Ich achte auf
Hintergrundgeräusche.

Ich versuche, Ähnlichkeiten
zum Deutschen zu nutzen.

How to speak

Ich überlege mir, was ich sagen möchte.

Ich erinnere mich an die passenden Wörter.

Ich schreibe mir Kärtchen mit Wörtern und Sätzen für ein Rollenspiel.

Das hilft mir beim Sprechen.

Ich zeige auf einen Gegenstand, der in meiner Nähe ist, wenn mir das Wort dafür nicht einfällt.

Ich benutze ein Wörterbuch, wenn mir ein Wort fehlt.

Ich versuche, in Sätzen zu sprechen (die roten Wörter helfen mir dabei).

Ich benutze Gesicht, Arme und Hände.

Ich frage meine Lehrkraft, wenn mir ein Wort fehlt.

How to read

Das hilft mir beim Lesen.

Ich achte auf die Überschrift.

Ich achte auf helfende Bilder.

Ich höre mir den Lesetext an. Dabei kann ich die Augen schließen oder den Text im Buch mitlesen.

Ich schlage unbekannte Wörter nach.

Ich suche nach bekannten Wörtern.

Auch wenn ich nicht alle Wörter verstehe, kann ich mir den Inhalt des Textes vorstellen.

How to work with words

Ich höre mir das Wort auf der CD an und spreche es nach.

Ich schreibe die Wörter auf Merkzettel.

Ich schreibe das Wort ab und kontrolliere mein Geschriebenes.

Das hilft mir beim Lernen von Wörtern.

Ich sage mir das Wort immer wieder laut vor.

Ich markiere Aufpassstellen im Wort.

Ich mache eine passende Bewegung und sage das Wort. Manchmal gehe ich dabei hin und her.

Ich spiele mit meinen Kärtchen ein Wörterspiel wie Memo oder Domino.

Look it up!

A B C D E F G H I J K L M N O P Q R S T U V W X Y Z

A

about	über
act out	spielen, vorführen
adult	der/die Erwachsene
alone	allein
angry	wütend
animal	das Tier
answer	die Antwort, antworten
apple	der Apfel
apron	die Schürze
arm	der Arm
around	herum
ask	fragen
at	an/bei/um/in
attic	der Dachboden
autumn	der Herbst
awful	schrecklich

B

bacon	der Schinkenspeck
bake	backen
ball	der Ball
banana	die Banane
basket	der Korb
bat	die Fledermaus
bath	das Bad
bathroom	das Badezimmer
be	sein
beach	der Strand
bean	die Bohne
bed	das Bett
bedroom	das Schlafzimmer
behind	hinter
bench	die Bank
big	groß
bike	das Fahrrad, Fahrradfahren
birthday	der Geburtstag
black	schwarz
blue	blau
boat	das Schiff
body part	der Körperteil
bone	der Knochen
book	das Buch
bookshelf	das Bücherbord
boy	der Junge
bread	das Brot
breakfast	das Frühstück
bridge	die Brücke
brother	der Bruder
brown	braun
budgie	der Wellensittich
bush	der Busch
butter	die Butter
buy	kaufen

C

cage	der Käfig
call	rufen, anrufen
card	die Karte
carrot	die Karotte
castle	die Burg, das Schloss
cat	die Katze
catch	fangen, einfangen
cereals	die Frühstücksflocken
chair	der Stuhl
cheese	der Käse
child, children	das Kind, die Kinder
choose	auswählen
church	die Kirche
clean	reinigen, sauber
clothes	die Kleidung
cloudy	bewölkt
cold	kalt
collect	sammeln
colour	die Farbe, anmalen
coloured pencil	der Buntstift
come	kommen
compare	vergleichen
correct	richtig
cook	der Koch
cooker	der Herd

count	zählen
create	erschaffen, entwerfen
cucumber	die Salatgurke

D

dance	tanzen
day	der Tag
describe	beschreiben
different	unterschiedlich
do	machen, tun
dog	der Hund
double-decker bus	der Doppeldeckerbus
draw	zeichnen
dream	der Traum, träumen
dress	das Kleid, anziehen
dress up	sich verkleiden

E

ear	das Ohr
Easter	Ostern
easy	einfach
eat	essen
egg	das Ei
ending	das Ende
English	Englisch, der Englischunterricht
evening	der Abend
every	jede/jeder
excited	aufgeregt
eye	das Auge

F

family	die Familie
father	der Vater
Father Christmas	der Weihnachtsmann
favourite	Lieblings-
feel	sich fühlen
ferris wheel	das Riesenrad
fetch	holen
find	finden
fine	gut
fish	der Fisch
foggy	neblig
folder	der Hefter
food	das Essen
football	Fußball, der Fußball
free	frei, kostenlos
Friday	Freitag
fridge	der Kühlschrank
friend	der Freund, die Freundin
frosty	frostig
frying pan	die Bratpfanne
fun	der Spaß
furniture	das Möbelstück

G

game	das Spiel
German	Deutsch, der Deutschunterricht
get up	aufstehen
ghost	der Geist
girl	das Mädchen
give	geben
glue stick	der Klebestift
go	gehen
goldfish	der Goldfisch
good	gut
grains	die Getreidekörner
grandfather	der Großvater
grandmother	die Großmutter
great	toll, super
green	grün
grey	grau
group	die Gruppe
guess	raten, erraten
guinea pig	das Meerschweinchen

H

hall	der Flur
hamster	der Hamster
hand	die Hand
happy	glücklich
have	haben

hazelnut ... Haselnuss
he/she/it ... er/sie/es
help ... die Hilfe, helfen
her ... ihr
here ... hier
high ... hoch
hold ... halten
home ... das Zuhause
horse riding ... reiten
hot ... heiß
how ... wie
hungry ... hungrig

I

I ... ich
ice cream ... das Eis
in ... in
in front of ... vor

J

jam ... die Marmelade
jump ... der Sprung, springen

K

kitchen ... die Küche

L

lamp ... die Lampe
leg ... das Bein
left ... links
letter ... der Brief
like ... mögen, wie
listen ... zuhören
live ... leben
living room ... das Wohnzimmer
long ... lang
look ... schauen
look for ... suchen
love ... lieben
lunch ... das Mittagessen
lunch box ... die Brotdose

M

make ... machen, tun
many ... viele
match ... verbinden, zuordnen
me ... mich
meet ... treffen
Monday ... Montag
money ... das Geld
morning ... der Morgen
mother ... die Mutter
mouse ... die Maus
mouth ... der Mund
museum ... das Museum

N

name ... der Name, benennen
need ... brauchen
never ... nie
new ... neu
next ... als nächstes, das nächste
next to ... neben
no ... nein
nose ... die Nase
not ... nicht
number ... die Zahl, nummerieren

O

old ... alt
on ... auf
orange ... die Orange, orange
own ... eigene, eigenes, eigenen

P

paint ... malen
palace ... der Palast
pancake ... der Pfannkuchen
pea ... die Erbse
pear ... die Birne

pen .... der Füller
pencil .... der Bleistift
pencil case .... das Mäppchen
perform .... aufführen
pepper .... die Paprika, der Pfeffer
pet .... das Haustier
photo .... das Foto
picture .... das Bild
pineapple .... die Ananas
pink .... pink
play .... spielen
please .... bitte
point .... zeigen
practise .... üben
presentation .... die Präsentation
price .... der Preis
prince .... der Prinz
proud .... stolz
pull .... ziehen
pumpkin .... der Kürbis
purple .... lila
put on .... anziehen

Q

question .... die Frage

R

rabbit .... das Kaninchen
raincoat .... der Regenmantel
rainy .... regnerisch
rat .... die Ratte
read .... lesen
recipe .... das Rezept
red .... rot
rhyme .... der Reim
ride .... fahren
riddle .... das Rätsel
rice .... der Reis
right .... rechts
role play .... das Rollenspiel
room .... das Zimmer
rubber .... der Radierer
ruler .... das Lineal
run .... rennen

S

sad .... traurig
Saturday .... Samstag
say .... sagen
school .... die Schule
school bag .... der Schulranzen
school things .... die Schulgegenstände
scissors (pair of) .... die Schere
season .... die Jahreszeit
see .... sehen
sentence .... der Satz
shake .... schütteln
sharpener .... der Spitzer
shoes .... die Schuhe
shop .... der Laden, einkaufen
shopping centre .... das Einkaufszentrum
shower .... die Dusche
sight .... die Sehenswürdigkeit
sing .... singen
sister .... die Schwester
sit .... sitzen
skeleton .... das Skelett
skirt .... der Rock
sleep .... schlafen
smart .... schlau
snake .... die Schlange
snowy .... verschneit
something .... etwas
song .... das Lied
sorry .... Entschuldigung!
soup .... die Suppe
speak .... sprechen
spider .... die Spinne
spring .... der Frühling
spot .... der Flecken
start .... der Start, starten
stocking .... der Strumpf
story .... die Geschichte

strawberry .... die Erdbeere
street .... die Straße
sugar .... der Zucker
summer .... der Sommer
Sunday .... Sonntag
sunny .... sonnig
sweet .... die Süßigkeit, süß
swim .... schwimmen

T

table .... der Tisch, die Tabelle
table tennis .... Tischtennis
tail .... der Schwanz
take .... nehmen, bringen
take off .... ausziehen
talk .... reden
thank you .... danke
the .... der/die/das
they .... sie
this .... dieser, diese, dieses
through .... durch
thundery .... gewittrig
Thursday .... Donnerstag
ticket .... die Eintritts- /Fahrkarte
time .... die Zeit
tired .... müde
today .... heute
toe .... der Zeh
toilet .... die Toilette
toss .... werfen
town .... die Stadt
train .... der Zug
tree .... der Baum
trip .... der Ausflug
trousers .... die Hose
Tuesday .... Dienstag
turn around .... umdrehen

U

under .... unter
underground .... die U-Bahn
use .... benutzen

V

vampire .... der Vampir
visit .... der Besuch, besuchen

W

walk .... laufen
want .... wollen
wash .... waschen
washbasin .... das Waschbecken
wardrobe .... der Kleiderschrank
warm .... warm
water .... das Wasser
we .... wir
wear .... anhaben
weather .... das Wetter
Wednesday .... Mittwoch
week .... die Woche
welcome .... willkommen
what .... was
when .... wann
where .... wo
white .... weiß
who .... wer
why .... warum
windy .... windig
winter .... der Winter
witch .... die Hexe
with .... mit
word .... das Wort
work .... die Arbeit, arbeiten
write .... schreiben

Y

year .... das Jahr
yellow .... gelb
yes .... ja
you .... du, ihr

Z

zero .... null